AF484309